AF562310

VOYAGE

DU

ROI FRANÇOIS IER

A ANGERS, EN 1518,

PAR

ARMAND PARROT,

peintre d'histoire.

ANGERS,

IMPRIMERIE DE COSNIER ET LACHÈSE,

Chaussée Saint-Pierre, 13,

—

1858.

VOYAGE

DU ROI FRANÇOIS Ier

A ANGERS, EN 1518.

Un des premiers actes de la munificence de François de Valois (1), lorsqu'il monta sur le trône de France après la mort de Louis XII, son

(1) François, duc de Valois, fils de Charles d'Orléans, comte d'Angoulême, et de Louise de Savoie, naquit à Cognac le 12 septembre 1494. Le 1er janvier 1496, il perdit son père qui était *un des plus hommes de bien qui fût entre les princes du sang*. Son éducation fut confiée à deux Angevins célèbres : le maréchal de Gié et Arthur Gouffier, sire de Boissy. En 1514, après la mort d'Anne de Bretagne, il épousa Claude de France, la fille du bon Louis XII, et l'année suivante (1515), il monta sur le trône, en sa qualité de premier prince du sang, le roi en mourant n'ayant point laissé d'enfant mâle pour lui succéder; François Ier était alors dans sa vingt et unième année. Il fut le fondateur de la deuxième branche des Valois.

beau-père, fut de donner en apanage à sa mère, Louise de Savoie (1), avec le riche duché d'Anjou, les comtés du Maine et de Beaufort : « magnifique et excellent don, digne de la haultesse de luy et d'elle. »

La noble veuve de Charles d'Orléans (2) agréa avec bonheur le respectueux hommage de son fils, et le témoignage visible de sa vive gratitude « pour le bon traictement, doulce nourriture et vertueuse doctrine qu'il avait reçue d'elle. »

Lorsque Louise de Savoie eut pris possession de son apanage, elle établit sa résidence à Angers, dans le vieux palais ducal (1515). — Tandis qu'elle l'habitait, elle manifesta, en 1518, au roi son fils le désir qu'elle éprouvait de le voir « en sa bonne ville d'Angiers et le sollicita d'y venir ; ce que le roy voulentiers accorda. » L'illustre duchesse fit part aussitôt de cette nouvelle aux officiers municipaux et à ses loyaux sujets, les bourgeois, manants et habitants d'Angers, afin qu'ils se pourvussent « pour telle noblesse recevoir. » Ce que de grand cœur ils firent.

(1) Fille de Philippe II, duc de Savoie, et de Marguerite de Bourbon. Ce fut une des femmes les plus intelligentes de son siècle ; deux fois François Ier lui confia la régence de son royaume : en 1515 et 1524.

(2) Ce prince, fils de Jean, comte d'Angoulême, et de Marguerite de Rohan, était né en 1458. Il était arrière petit-fils du roi Charles V.

« Le samedy cinquiesme jour de juin 1518,
» Messeigneurs le maire et les eschevins de laditte
» ville, deument acertenez que le tres chrestien
» et chevaleureux Roy de France, leur souverain
» Seigneur, estoit déliberé de faire son entrée le
» lendemain en sa bonne et notable ville d'An-
» giers, firent crier à son de trompe par les car-
» refours que chascun en droict soy fist son de-
» voir pour le recevoir au mieux et au plus grand
» honneur que possible. »

Alors les travaux cessèrent, et en un instant la ville changea d'aspect. Ses rues étroites, ses noires maisons se couvrirent de riches tapis aux mille couleurs, aux sujets variés. De vertes guirlandes, des festons de fleurs ornèrent la façade de chaque habitation et s'enlacèrent avec les nombreux ornements gothiques, dont le génie fécond du moyen-âge les avait embellies. De somptueux arcs de triomphe s'élevèrent majestueusement vers les cieux, et de gais théâtres se dressèrent sur les places publiques.

Tandis que l'activité la plus grande régnait dans la capitale de l'Anjou, le jeune monarque s'acheminait lentement vers elle, accompagné de sa gracieuse épouse, de sa tendre mère, de sa sœur bien aimée et de sa cour brillante.

De bonne heure il quitta le dimanche (6 juin) la forteresse des Ponts-de-Cé, dans laquelle il avait pris gîte la nuit précédente, et s'en vint dîner à Rivettes avec sa royale famille, ses nobles gentilshommes et ses gardes dévoués. Ensuite il se rendit à Épluchard où il soupa « de » hault jour. »

Pendant qu'il faisait bonne chère dans le manoir construit par le roi René, Angers retentissait du bruit des trompettes municipales, qui conviaient les habitants à se rendre au devant de leur souverain pour le saluer de « son joyeux advénement dans leur cité. »

Grands et petits répondirent aussitôt à leur appel et se dirigèrent sous leurs bannières respectives vers Epluchard.

En tête marchaient les vingt-quatre archers de la ville, avec leur capitaine, tous habillés de hocquetons jaunes et rouges, aux armes d'Angers, et coiffés d'une toque blanche lardée de taffetas bleu.

Un grand nombre de sergents et chevaucheurs « vestuz de robes de tannes à la couleur du roi, » ayant sur leurs manches ses armes et celles de la ville, suivaient les archers.

Sire Robert Thévin, maire d'Angers, homme grave et des plus renommés, venait après eux ; il portait robe d'écarlate doublée de velours noir, et était accompagné de Messeigneurs les vingt-quatre échevins, connétables, receveurs, procureurs et greffiers de la mairie, tous vêtus de robes écarlates, doublées de satin noir, et montés sur des mules ; « ce qui estoit chose merveilleusement » très somptueuse à veoir. »

Après les officiers municipaux marchait le juge royal, le lieutenant du sénéchal, le juge de la prévôté, et les autres gens de justice, tels que : conseillers, procureurs et avocats, tous également sur leurs mules, précédés « de leurs sergens et » huissiers, ayant robbes de livrée et masses et » bastons royaux en leurs mains. »

Enfin les bons bourgeois et les marchands d'Angers fermaient la marche. « Ils estoient en » belle, grosse et notable compagnie bien montez » et vestuz en robbes noires, pourpoints de ve» lours tennes et chapeaux d'escarlatte tous de » livrée. « Lorsqu'ils arrivèrent à Epluchard, ils trouvèrent « le roy prest et appareillé, pour » entrer dans sa bonne ville d'Angiers. »

L'honorable Robert Thévin s'étant alors approché respectueusement du héros de Marignan, lui fit une briève harangue, de laquelle il fut charmé ainsi que de l'offre des clés de la ville, que lui présentèrent les connétables.

Après cette formalité d'usage, les gardes françaises firent retentir l'air de leurs bruyantes fanfares, pour annoncer aux Angevins la venue de leur souverain : Joyeuse nouvelle à laquelle répondirent les cloches et l'artillerie de la ville.

Le roi, sur son vigoureux coursier, prit place dans le cortége et s'achemina gracieusement vers Angers.

A l'entrée de la ville, il remarqua une tente richement décorée, sous laquelle était distribué aux frais de la municipalité à tous venants, dans de grands hanaps d'argent, vin blanc et clairet « si » tres excellent qù'il n'en failloit point chercher » de meilleur. »

Non loin de là, le roi agréa l'humble révérence d'environ trois cents moines mendiants, tant cordeliers, que carmes, augustins et dominicains qui s'étaient rendus processionnellement au devant de lui.

Les bénédictins des riches abbayes de St-Aubin, de St Serge et de St-Nicolas, ainsi que les chanoines réguliers de Toussaint, revêtus de magnifiques chapes, l'attendaient à la porte de la ville; de même que les chanoines des collégiales de St-Pierre, de St-Maurille, de St-Jean-Baptiste, de St-Mainbœuf et de Notre-Dame, qui, avec d'autres gens d'église, étaient bien en nombre de six à sept cents, le saluèrent respectueusement à son passage.

A la première herse de la ville, François Ier reçut les hommages de l'Université, devant laquelle marchaient ses bedeaux « qui estoient dix » ou douze en nombre, portant grosses masses » d'argent doré, esmaillées et estoffées aux armes » des nations et facultez de la dicte Université, » qui avait pour représentants un grand nombre « de gens lectrez, escolliers, bacheliers et licen- » ciez, » ainsi que ses officiers jurés, comme scribes, bourgeois, libraires et parcheminiers; puis ses docteurs, receveurs, procureurs, régents en droit civil et canon, théologie, médecine et arts libéraux, « qui avoient chappes et chaperons » d'escarlatte fourrez de lectices et menu-vair; » de même que le docte recteur François Lasnier, qui adressa au roi une oraison de laquelle « il fut

» bien édiffier et promit de l'Université d'An-» giers garder les droictz et priviléges octroyez » par ses prédécesseurs. »

Lorsque le roi eut franchi la deuxième enceinte de la ville, une représentation théâtrale lui fut offerte, ayant pour sujet : *Le Songe de Nabuchodonosor expliqué par Daniel*. Cette scène, reproduite par des personnages figurés, vêtus des costumes les plus riches, produisit un effet merveilleux.

Du haut des tours et des murailles tonnèrent avec fracas les cent trente canons de la ville, lorsque le roi-chevalier traversa la porte St-Aubin aux noirs créneaux, aux douves profondes, et qu'il entra dans Angers au milieu des acclamations du peuple.

A cette porte l'attendaient quatre officiers municipaux qui tenaient un poêle de fin damas bleu turquin semé de fleurs de lys d'or, « lequel en » grant révérence luy posèrent sur la teste, et sur » luy, par la ville, ainsi qu'il est de coustume, le » portèrent. »

Les chanoines des collégiales royales de Saint-Laud et de St-Martin vinrent le saluer dans la rue St-Aubin. Là, des débats de prééminence s'élèvèrent entre eux et les religieux de l'abbaye de St-Aubin dont « sourdit procès de longue durée. »

Le roi et son brillant cortége parcoururent alors lentement les rues qui, de la porte St-Aubin, conduisaient à la cathédrale.

Parmi les seigneurs et les gentilshommes de sa

maison qui le précédaient, on remarquait : le grand sénéchal de Provence Jean de Poitiers, seigneur de Saint-Vallier (1), le comte d'Albon (2), son fils, le chambellan Antoine de Clermont (3), le bailli de Caen, les seigneurs de Beauvais, de Tournon, de Fleurat, de Mony, et l'italien Barnabo.

Après ces officiers de distinction venait le grand prévôt de l'hôtel accompagné de ses archers.

Ensuite les gardes françaises et écossaises, habillées de hocquetons d'orfévrerie, et les cent-suisses avec leurs tambourins, clairons et trompettes « qu'il faisoit bon oüyr. »

Puis le grand-écuyer de France, dont le magnifique vêtement était de drap d'or, ainsi que l'équipement de son cheval ; avec lui étaient les pages d'honneur « très somptueusement accoustrez et montez. »

Enfin « venait le tres chrestien Roy vestu d'ung » satin tanné, broché d'or, très riche, monté sur » un cheval moult expert, lequel soubz son poille » très gaillardement se maintenoit en joyeuse et » belle contenance. »

Le jeune souverain était suivi de son beau-

(1) Jean de Poitiers, seigneur de Saint-Vallier, marquis de Cotron.

(2) Guillaume de Poitiers, comte d'Albon.

(3) Antoine IIe du nom, baron et vicomte de Cermont, chambellan du roi et lieutenant d'une des bandes des gentilshommes de son hôtel.

frère Charles III duc d'Alençon (1), des ducs de Vendôme (2), d'Urbin, d'Albanie et de Danebourg; des comtes de Saint-Pol, de Campebruch, et de Gaigas; du bâtard de Savoie (3), du vicomte de Touraine, des princes de la Roche-sur-Yon (4) et de Tallemont (5); de monseigneur de Nevers (6); des marquis de Saluces et de Mantoue;

(1) Charles III, duc d'Alençon, pair de France, comte du Perche, d'Armagnac, de Rodez, etc., était fils de René, duc d'Alençon, et de Marguerite de Lorraine; il avait épousé à Blois le 1er décembre 1509, Marguerite d'Angoulême, sœur unique du roi.

(2) Charles de Bourbon, duc de Vendôme, aïeul d'Henri IV.

(3) Louis de Bourbon premier du nom, prince de la Roche-sur-Yon, seigneur de Champigny, de Leuse, etc., époux de Louise de Bourbon, comtesse de Montpensier, dauphine d'Auvergne.

(4) René, bâtard de Savoie, comte de Villars, de Tende, de Sommerive, de Beaufort en Anjou, etc., fils naturel de Philippe II, duc de Savoie. François Ier le créa grand-maître de France en 1519 en récompense des services qu'il lui avait rendus à Marignan, et, comme étant son *oncle naturel*.

(5) Louis II, sire de la Tremoille, vicomte de Thouars, prince de Talmont, comtes de Guynes, baron de Sully, de Craon, etc., surnommé le chevalier sans reproches, avait été sous Charles VIII, gouverneur d'Anjou; François Ier le fit son premier chambellan et son gouverneur et lieutenant-général en Bourgogne.

(6) Charles de Cleves, comte de Nevers, d'Au-

du grand-amiral de France, Guillaume Gouffier (1); du chevalier d'honneur de Madame Louise de Savoie, Guillaume de Montmorency (2); du maréchal de France, Jacques de Chabannes (3); du preux Thomas de Foix, seigneur de Lescun (4); de l'invincible Bayard; des capitaines Braudet et de Sartigues. D'autres seigneurs et guerriers, non moins célèbres, marchaient également à sa suite; ainsi que plusieurs prélats, comme l'archevêque de Salerne; Jean de Lorraine, évê-

xerre, de Rethel et d'Eu, pair de France; en 1507, il s'était signalé à la prise de Gênes et plus tard à la bataille d'Aignadel.

(1) Guillaume Gouffier, seigneur de Bonnivet, était frère du célèbre Arthur Gouffier, marquis de Boissy, gouverneur de François Ier et grand-maître de France, ainsi que d'Adrien Gouffier, cardinal, évêque d'Albi et grand-aumônier de France.

(2) Guillaume, seigneur de Montmorency, d'Escouen, Chantilly, etc, premier baron de France et chambellan du roi.

(3) Jacques de Chabannes, seigneur de la Palisse, grand-maître de France sous Louis XII, avait été un des héros de la bataille de Ravenne, de la journée des Eperons et de Marignan.

(4) Thomas de Foix, seigneur de Lescun, avait été destiné dans sa jeunesse à l'état ecclésiastique qu'il quitta pour embrasser la profession des armes. Ayant accompagné François Ier à la conquête du duché de Milan, il y fut laissé en qualité de lieutenant-général. Le roi le créa maréchal de France vers 1521.

que de Metz ; Louis de Villiers de l'Isle-Adam, évêque et comte de Beauvais ; Etienne Poncher, évêque de Paris ; Denis Briçonnet, évêque de Lodève ; Jean Calluault, évêque de Senlis ; Christophe de Chauvigné, évêque de Léon ; et Philas Roverella, évêque de Toulon. Enfin le nonce du pape et les ambassadeurs de l'empereur d'Allemagne, du roi d'Espagne et des républiques de Gênes, de Lucques, de Venise, etc., fermaient la marche de ce somptueux cortége.

Lorsque le roi fut parvenu au carrefour de la place Sainte-Croix, un nouveau spectacle lui fut offert. Il représentait un gigantesque ceps de vigne, au milieu duquel était l'aimable fils de Jupiter et de Sémelé, qui pressait dans ses mains divines des grappes de raisin, d'où jaillissaient des ruisseaux de vin blanc et de vin rouge, que des centaures, des faunes et des satyres, recevaient dans de coupes et offraient à tous les passants. Au milieu de ces personnages bachiques, était le saint patriarche Noë, vêtu comme notre premier père dans l'Eden, qui dormait d'un profond sommeil, ayant fait de trop grandes libations au dieu du vin.

A un des angles de la place Neuve, le roi et sa cour admirèrent en passant plusieurs personnages qui représentaient le roi Eudes, comte d'Anjou et ses descendants.

Sur la même place ils s'arrêtèrent pour assister à une représentation théâtrale, dont le sujet emprunté à l'Apocalypse était rempli de brillantes allégories en l'honneur de la famille royale.

« Le roy marchant oultre, alla à l'église ca-
» thédralle, ou il fut des vénérables doyen et
» chanoynes receu à grant solennité (1), prestant
» ès mains d'iceulx le serment accoustumé (2).
» Puis alla se mettre à genoulx devant le grand
» autel, et y fut assez longue espace. Et quant il
» eut fait sa dévotion, en la compagnie de plu-
» sieurs princes, seigneurs et prélatz il alla loger
» en son tres fort et tres puissant chasteau d'An-
» gers dont la position lui pleut fort et ou tout
» estoit prest et appareillé pour le recevoir. »

Après les civilités d'usage, le cortége, qui avait suivi le roi jusqu'au château, retourna en bon ordre sur la route des Ponts-de-Cé, au devant de la reine, pour la saluer et lui faire les mêmes honneurs qu'à son royal époux.

Claude de France (3) était accompagnée de

(1) Ce ne fut pas sans étonnement que le peuple remarqua ici l'absence de François de Rohan, évêque d'Angers et archevêque de Lyon, qui ne vint dans sa ville épiscopale que lorsque le roi en fut parti.

(2) Autrefois lorsqu'un roi de France entrait pour la première fois dans l'église cathédrale d'Angers les chanoines lui faisaient jurer de conserver leurs priviléges.

(3) Fille aînée du roi Louis XII et d'Anne de Bretagne, sa deuxième femme.

Louise de Savoie, mère du roi ; de la belle Marguerite de Valois, sa sœur (1) ; des gracieuses

(1) Marguerite de Valois, ou plutôt d'Angoulême, fille de Charles d'Orléans, comte d'Angoulême, et de Louise de Savoie, était née le 11 avril 1492, dans le vieux château de la ville d'Angoulême. (*Journal de Louise de Savoie.*) Comme son frère François Ier, elle fut élevée avec un soin des plus grands. Dès son jeune âge, elle apprit les langues anciennes et modernes, qui lui ouvrirent la porte de toutes les sciences. Plus tard, sa gracieuse imagination, son âme inquiète et compréhensive fit naître en elle le goût de la poésie ; alors elle étudia les œuvres de son grand-oncle Charles d'Orléans qui tira, des premiers bégaiements de notre poésie nationale, des vers pleins de naïveté, de grâce et d'harmonie. — Le 1er décembre 1509, Louis XII fit épouser sa nièce à Charles III, duc d'Alençon, qu'elle n'aimait pas : les noces se célébrèrent à Blois *en aussi grand triomphe et haut état, que si c'eût été la fille du roi.* Lorsque son frère fut monté sur le trône, il lui donna, en 1517, le duché de Berri : alors on la nomma indifféremment *Marguerite de France,* ou *de Valois,* ou *de Berri.* François Ier, qui l'aimait tendrement, l'appelait sa *mignonne* ou la *Marguerite des Marguerites,* et les poètes la *quatrième grâce* et la *dixième muse du Parnasse.* — Le duc d'Alençon étant mort en 1525, elle épousa deux ans plus tard Henri d'Albret, IIe du nom, roi de Navarre. Cet homme dur, mélancolique, brutal, jaloux, fut loin de lui faire oublier les ennuis de son premier mariage ; il ne fit au contraire qu'abreuver son âme d'amertume, née pour aimer et chérir. De cette union malheureuse naquit Jeanne d'Albret, mère d'Henri IV.

duchesses de Nemours (1) et de Guise (2); de la voluptueuse Françoise de Foix (3), et d'un grand nombre d'autres beautés, qui rendaient son cortége non moins brillant que celui du roi.

Les charmes naturels de ces femmes ravissantes étaient alors rehaussés par l'éclat de leurs resplendissantes toilettes, dans lesquelles brillaient avec les étoffes les plus riches l'améthyste, l'émeraude, le rubis, le saphir, la topaze aux couleurs

(1) Charlotte d'Armagnac, comtesse de Guise, fille puinée de Jacques d'Armagnac, duc de Nemours, et de Louise d'Anjou, épouse de Charles de Rohan, seigneur de Gié, vicomte de Fronsac, grand-échanson de France.

(2) Antoinette de Bourbon, fille aînée de François de Bourbon, comte de Vendôme, et de Marie de Luxembourg, épouse de Claude de Lorraine, premier duc de Guise, pair et grand-veneur de France, comte d'Aumale, marquis de Mayenne et d'Elbœuf, baron de Joinville, etc. De cette union naquirent douze enfants, qui se rendirent pour la plupart célèbres; deux furent revêtus de la pourpre romaine : Charles, cardinal de Lorraine, archevêque de Reims, et Louis de Lorraine, cardinal de Guise, évêque d'Albi, puis archevêque de Sens; une des filles monta sur le trône d'Ecosse, Marie de Lorraine, qui fut mère de la belle et infortunée Marie Stuart, reine de France, ayant épousé Jacques Stuart, V[e] du nom, roi d'Ecosse.

(3) Françoise de Foix, fille de Jean de Foix, vicomte de Lautrec, et de Jeanne d'Aydie, femme de Jean de Laval, seigneur de Châteaubriant, Candé, Chanzeaux, etc., gouverneur et lieutenant-général du duché de Bretagne, fut vivement aimée de François Ier.

éclatantes, et le diamant au reflet pur. Toutes étaient portées dans des litières, où l'or s'unissait aux flots ondoyants du satin.

Lorsque la reine entra dans la ville, il était si tard « qu'il convint allumer grant quantité de » torches et flambeaulx pour l'esclairer. »

A la porte Saint-Aubin, un magnifique poêle, mi-partie de damas bleu semé de fleurs de lys d'or et de damas blanc semé d'hermines, porté par quatre échevins, fut placé au dessus de sa litière.

Les mêmes « mommeries, esbatemens et gor- » giastez » eurent lieu sur son passage, comme à l'entrée du roi.

Elle aussi fut conduite à l'église cathédrale, où les membres du chapitre la reçurent très honorablement. Lorsqu'elle et ses dames eurent fait leur prière, le cortége se remit en marche et les accompagna jusqu'au palais ducal, où le roi les attendait.

Des fêtes brillantes et de somptueux galas eurent lieu alors dans la vieille forteresse des ducs d'Anjou, qui, pendant le séjour de ses royaux hôtes, quitta son air sombre, son aspect imposant, pour retentir des joyeuses fanfares, des gaies chansons et des lais d'amour des soldats et des seigneurs de la cour.

Le mardi 8 juin, François Ier devant recevoir le légat *à latere* Marc Cornaro (1), qui apportait

(1) Marc Cornaro, cardinal-diacre du titre de Sainte-Marie *in Porticu,* et évêque de Padoue,

à Jean de Lorraine, évêque de Metz (1), le chapeau de cardinal, voulut que les mêmes cérémonies qui avaient eu lieu à son entrée dans Angers, fussent faites à celle du légat.

« Icelluy noble et magnificque evesque de Metz » avoit desiré recevoir ceste dignité de cardinal » à Angiers, plustost que en une autre ville pour » ce que de la noble et ancienne souche d'Anjou » est descendu et a prins origine la tres illustre » maison de Lorraine. »

était issu d'une très noble famille vénitienne. Ce fut lui qui, en qualité d'archidiacre de l'Eglise romaine, couronna les papes Adrien VI et Clément VII.

(1) Jean de Lorraine, fils de René II, duc de Lorraine, et de Philippe de Gueldres-Egmont, était né à Bar le 9 avril 1498. Dès l'âge de trois ans il fut nommé coadjuteur de son grand-oncle Henri de Lorraine-Vaudemont, évêque de Metz. A vingt ans (1518), le souverain pontife Léon X le créa cardinal-diacre du titre de Saint-Onulphre ; il possédait alors les évêchés de Metz, de Toul et de Terouane, auxquels il ajouta bientôt ceux de Valence, de Dié, de Verdun, de Luçon, d'Albi, d'Agen, de Nantes, ainsi que les archevêchés de Narbonne, de Reims et de Lyon, dont il jouit à la fois, de même que de beaux revenus qui en dépendaient. Il était également abbé commendataire des riches abbayes de Gorze, de Cluny, de Saint-Jean de Laon, de Saint-Médard de Soissons, de Marmoutiers, de Saint-Ouen de Rouen, etc. Chargé d'honneurs et de richesses, il mourut d'apoplexie, à table, le 10 mai 1550.

Lorsque son Eminence l'envoyé du pape approcha de la ville, les seigneurs de la cour, les officiers municipaux, la magistrature, les membres de l'université, les moines de toutes les communautés religieuses et le clergé se rendirent au devant de lui pour le saluer.

A l'entrée de la ville, quatre échevins placèrent sur la tête du cardinal légat un poêle de damas cramoisi, chargé de ses armes, qui étaient : *mi-partie de Lusignan et de Cornaro*. Ensuite, il fut conduit, avec les cardinaux, les évêques et les Italiens qui l'accompagnaient, d'abord à la cathédrale, puis auprès du roi, qui le reçut magnifiquement.

Des festins splendides, des réjouissances nombreuses suivirent la remise du chapeau de pourpre au jeune prélat Jean de Lorraine, qui prit place alors parmi les princes de l'Eglise.

Pendant son séjour à Angers, le roi ayant manifesté le désir d'assister à une procession générale semblable à celle de la *Fête du Sacre,* le clergé se mit aussitôt en devoir de lui être agréable. Le jeudi de l'octave de la Fête-Dieu fut choisi pour cette pieuse solennité.

Ce jour-là, François Ier voulut, avant d'assister à la procession, montrer aux Angevins le pouvoir qu'il tenait de Dieu de guérir les malades atteints d'écrouelles Dès le matin, un grand nombre de ces malheureux, abandonnés par la médecine elle-même à une vaine superstition, envahirent la chapelle du château. Lorsque le roi eut offert ses hommages à l'Eternel. *il toucha et guérit*, disent les chroniqueurs, environ *cent quarante malades* (1).

(1) La guérison des écrouelles est rentrée aujourd'hui complétement dans le domaine de la médecine, à laquelle elle n'a pas toujours appartenu, du moins exclusivement. En effet, une croyance née au moyen âge, et qui s'est conservée jusqu'à une époque bien proche de celle où nous vivons, attribuait aux rois de France le don miraculeux de guérir les écrouelles en les touchant de leurs mains sur lesquelles avait été faite une onction avec la sainte ampoule. Ce privilége remontait, suivant la tradition, au roi Robert. Le célèbre anatomiste André du Laurens nous a conservé, dans son traité sur les écrouelles, le cérémonial observé dans cette circonstance par les rois de France. Avant d'être présentés devant le roi, les malades étaient obligés de subir préalablement la visite de ses médecins, afin que l'on sût s'ils étaient réellement atteints de scrophule : quand ils étaient reconnus tels, les gardes du corps les faisaient ranger à genoux dans le lieu où le roi devait les toucher. Lorsque tout était préparé pour la cérémonie, le monarque, accompagné des princes du sang, de plusieurs prélats et de son grand aumônier, après avoir fait une courte prière, commençait la guérison miraculeuse. Alors son premier médecin, placé debout derrière les malades, leur tenait la tête tandis que lui les touchait au visage en forme de croix et leur disait ces mots : *Le Roy te touche et Dieu te guarit*. Pour que le remède fût efficace, il fallait, dit-on, avoir la foi.

Apres cette cérémonie, le roi et sa cour assistèrent à la procession « qui fut tres belle et sin-» gulière. Car premièrement marchoient les pe-» tites torches, jusqu'au nombre de quinze à seize » mille. » Elles étaient suivies des grosses torches dont les sujets, extraits de la sainte Ecriture, étaient fort richement exécutés.

Marchaient ensuite : le maire, les échevins, les magistrats et les notables de la ville; puis, les moines mendiants, les chanoines des collégiales, les chapelains et les dignitaires de l'église cathédrale qui étaient « merveilleux en nombre. »

Les Suisses venaient après, en bel ordre, deux à deux, ainsi que les archers de la garde, tenant tous à la main un cierge orné des armes de France. Ils étaient suivis de plusieurs seigneurs et gentilshommes portant une torche semblable, ainsi que les chevaliers de l'ordre du roi.

Sous un riche poêle de drap d'or, donné par le jeune monarque, « estoit porté le précieux corps » de Jésus-Christ par reverend pere en Dieu l'e-» vesque de Sainct Paoul de Leon (1) et abbé de » la Roë en Anjou, et d'autre costé par noble, » venerable et discret monseigneur Guy Pierre, » chanoyne scholastique de l'église d'Angiers. Et » devant estoient trompettes, clairons, haults-» bois, bussines, tambourins, violles, sarque-» bouttes et autres instruments » délicieux à entendre.

(1) Christophe de Chauvigné.

Enfin, le roi suivait à pied, portant au cou les insignes de son ordre ; il était accompagné de la duchesse d'Anjou, sa mère, des princes du sang, de ses hauts barons et d'un grand nombre de prélats.

Lorsque la procession fut terminée, François Ier et sa cour rentrèrent au château « où depuis leurs » ont esté faits plusieurs esbatemens, passetems » et morisques tant que du tout se sont tins fort » contens et joyeulx. »

Le roi, pendant son séjour dans la capitale de l'Anjou, ayant honoré de sa visite quelques seigneurs de distinction, ceux-ci lui offrirent en reconnaissance plusieurs divertissements qui lui furent très agréables. Un d'entre eux, René du Bellay (1), dans le parc de sa vieille forteresse du Plessis-Macé, le récréa par une chasse brillante, où, pendant plusieurs jours, les échos retentirent du cor de ses louvetiers et des aboiements de sa meute. Dans sa demeure princière du Verger, Charles de Rohan (2) lui offrit égale-

(1) René du Bellay, époux de Marguerite de Laval, était fils d'Eustache du Bellay, écuyer-tranchant du roi René d'Anjou, et de Catherine de Beaumont.

(2) Charles de Rohan, seigneur de Gié, vicomte de Fronsac, grand-échanson de France, était fils de Pierre de Rohan, seigneur de Gié, du Verger, de Martigné, de Baugé, et comte de Marle, de Porcéan, de Bar-sur-Aube, etc., maréchal de France, chevalier de l'ordre du Roi, et de Fran-

ment, outre le plaisir de la chasse, des joûtes et des tournois dignes du beau temps de la chevalerie. Les seigneurs du Plessis-Bourré et de Mollières le reçurent avec non moins de magnificence, ainsi que le brave François de Scepeaux (1), qui lui fit, dans son vieux castel de Durtal, une réception des plus somptueuses.

Le jeune roi, qui trouvait « l'aer d'Anjou fort » doulz et attrempé », et qui était charmé des récréations agréables que les Angevins lui offraient, avait résolu de faire parmi eux longue résidence, lorsque, dans le courant du mois d'août, de violents orages, des vents impétueux attirèrent tout à coup la peste dans l'Anjou, qui répandit aussitôt sur le peuple ses mortels poisons. Pour éviter les coups du funeste fléau, François Ier et sa cour quittèrent Angers au plus vite.

Le départ du héros de Marignan fut loin de ressembler à son entrée dans la ville ; car, aux acclamations du peuple avaient succédé les cris lugubres de la mort ; des cadavres hideux remplaçaient les fleurs dont les rues étaient jonchées

çoise de Porhoët. — Il avait pour frère François de Rohan, archevêque de Lyon, évêque d'Angers et abbé commendataire de Saint-Aubin d'Angers.

(1) François de Scepeaux, seigneur de Vieilleville et de Durtal, chevalier de l'ordre de Saint-Michel, avait été élevé enfant d'honneur de Louise de Savoie ; il se trouva à la bataille de Pavie, et fut fait maréchal de France en 1562 ; il décéda empoisonné en 1564.

sur son passage, et la voix mâle de l'airain ne faisait plus entendre que le glas du trépas. Au milieu de ce deuil général, ceux que le colosse destructeur n'avait point encore étreints dans ses bras homicides, voulurent accompagner, de loin du moins, leur monarque bien-aimé, pour jeter sur lui un dernier regard et le couvrir de leurs vœux les plus chers.

Angers. Imp. Cosnier et Lachèse.

www.ingramcontent.com/pod-product-compliance
Lightning Source LLC
LaVergne TN
LVHW010312230826
846091LV00007B/3120

9782019217013